ORDONNANCE DU ROY,

Portant Reglement pour la fonte & l'épreuve des Pieces de Canon, Mortiers & Pierriers destinez pour le service de l'Artillerie de terre.

Du 7. Octobre 1732.

DE PAR LE ROY.

SA MAJESTÉ voulant déterminer d'une maniere uniforme les dimensions des Pieces de Canon, Mortiers & Pierriers destinez pour le service de l'Artillerie de terre, & regler la maniere dont l'épreuve en sera faite, a ordonné & ordonne ce qui suit.

ARTICLE PREMIER.

IL ne sera doresnavant fabriqué de Pieces de canon, que du calibre de 24. de 16. de 12. de 8. & de 4. des

Mortiers de douze pouces juſte, & de huit pouces trois lignes de diametre; des Pierriers de quinze pouces ; Et pour l'épreuve des poudres, des mortiers de ſept pouces trois quarts de ligne.

I I.

LES dimenſions & le poids des pieces de chaque calibre, des mortiers & pierriers, de même que les dimenſions des plattes-bandes & moulures, la poſition des anſes & des tourillons, & les ornemens deſdites pieces, mortiers & pierriers, demeureront fixez ſuivant & conformément aux tables, eſquiſſes, plans & coupes que Sa Majeſté en a fait dreſſer, & qui ſeront inſerez à la ſuite de la preſente Ordonnance; ſans que ſous quelque prétexte que ce ſoit, il puiſſe y eſtre fait aucun changement.

I I I.

LA Lumiere des pieces de canon, mortiers & pierriers, ſera percée dans le milieu d'une maſſe de cuivre rouge, pure roſette, bien corroyé, & aura la figure d'un coſne tronqué renverſé.

I V.

IL ſera fait pour les pieces de canon, ainſi qu'il eſt marqué aux plans, un canal exterieur, depuis la lumiere juſqu'à l'écu des armes de Sa Majeſté, d'une ligne de profondeur & de ſix lignes de large, pour éviter que le vent ne chaſſe la traînée de poudre.

V.

LA viſiere & le bouton de mire ſeront ſupprimez.

V I.

LES pieces continuëront d'eſtre coulées par la volée.

V I I.

LE poids tant des pieces de canon, que des mortiers & pierriers, l'année, le quantieſme du mois de la fonte, & le nom du fondeur, ſeront marquez ſur la piece.

V I I I.

ON obſervera de numeroter ſur l'un des tourillons,

218.

Du 7. Octobre 1732.

par premiere, deuxieme, troisieme & quatrieme, les pieces, mortiers & pierriers de chaque fonte.

I X.

Il y aura un Officier present à la charge du fourneau de chaque fonte; lequel tiendra un estat du poids de chaque espece de métal, neuf ou vieux, qui sera employé; & il ne pourra quitter qu'après l'entiere coulée des pieces de canon, mortiers & pierriers.

X.

Les Fondeurs ne pourront faire battre les pieces, mortiers & pierriers, avec le marteau, en sortant de la fonte, & avant que l'épreuve en ait esté faite.

X I.

L'épreuve des pieces de canon sera faite de la maniere suivante: Les pieces seront mises à terre, appuyées seulement sous la volée, près les tourillons, sur un morceau de bois ou chantier; elles seront tirées trois fois de suite avec des boulets de leur calibre, la premiere fois chargées de poudre à la pesanteur du boulet, la seconde aux trois quarts, & la troisieme aux deux tiers. Si la piece soûtient cette épreuve, on y brûlera de la poudre pour la flamber; & aussi-tost, en bouchant la lumiere, on la remplira d'eau que l'on pressera avec un bon écouvillon, pour connoistre si elle ne fait point eau par quelque endroit. Après ces deux épreuves, on examinera avec le chat & une bougie allumée, ou le miroir lorsqu'il sera soleil, s'il n'y a point de chambres dans l'ame de la piece, si les métaux sont bien exactement partagez, & si l'ame de la piece qui doit estre droite & concentrique, n'est point égarée & ondée.

X I I.

Les mortiers seront éprouvez comme cy-après: On commencera par les examiner en grattant, avec un instrument bien aceré, les endroits où l'on soupçonnera qu'il y a quelque deffaut; Ceux où l'on n'en aura pas reconnu qui ſoit capable de les faire rebuter, ſeront mis ſur leur culaſſe en terre, les tourillons appuyez ſur des billots de bois, pour empeſcher qu'ils ne s'enterrent ; on les fera tirer trois fois avec des bombes de leur diametre, la chambre remplie de poudre, & les bombes pleines de terre meſlée de ſcieure de bois ; en ſuite on bouchera la lumiere, & on remplira le mortier d'eau, pour voir s'il s'y eſt fait quelque évent ou ouverture ; & après l'avoir fait laver, on le viſitera de nouveau avec le gratoir, pour connoiſtre s'il n'y a point de chambres.

XIII.

LES canons, mortiers & pierriers qui ne ſeront pas ſuivant les dimenſions preſcrites par la preſente Ordonnance, & les canons & mortiers auſquels les Officiers d'Artillerie qui ſeront chargez des épreuves, reconnoîtront des deffauts capables de nuire au ſervice des pieces, ſeront rebutez, les anſes en ſeront caſſées ſur le champ, & les fondeurs ne pourront rien prétendre pour la façon.

XIV.

IL ſera dreſſé des procès-verbaux des épreuves, examen & viſites cy-deſſus ordonnées ; dans leſquels les Officiers d'artillerie expliqueront la maniere dont ils y auront procedé, les deffauts qu'ils auront reconnus aux pieces éprouvées, ſoit qu'ils jugent qu'ils doivent faire rebuter la piece, ou que nonobſtant les deffauts reconnus elle doit eſtre reçûë ; & il y ſera fait mention du nombre & de la qualité des pieces de canon & mortiers qui auront eſté reçûs ou rebutez.

MANDE & ordonne Sa Majeſté à Monſ.[r] le Duc du Maine, Grand-Maiſtre de l'Artillerie de France, de tenir la main à l'execution de la preſente Ordonnance. FAIT à Fontainebleau le ſeptieme Octobre mil ſept cens trente-deux. *Signé* LOUIS. *Et plus bas,* BAÜYN.

Du 7. Octobre 1732

219

5

LOUIS AUGUSTE DE BOURBON

Duc du Maine, Prince légitimé de France; par la grace de Dieu, Prince ſouverain de Dombes; Comte d'Eu, Duc d'Aumale, Commandeur des Ordres du Roy, Colonel general des Suiſſes & Griſons, Gouverneur & Lieutenant general pour Sa Majeſté dans ſes provinces du haut & bas Languedoc, Grand-Maiſtre & Capitaine general de l'Artillerie de France.

VÛ par Nous l'Ordonnance du Roy cy-attachée, donnée à Fontainebleau le 7. du preſent mois d'Octobre 1732. ſignée Loüis, & plus bas, Baüyn; par laquelle Sa Majeſté détermine, d'une maniere uniforme, les dimenſions des pieces de canon, mortiers & pierriers deſtinez pour le ſervice de l'Artillerie de terre, & regle la maniere dont l'épreuve en ſera faite. Nous, en vertu de ladite Ordonnance, & du pouvoir à Nous donné par Sa Majeſté à cauſe de noſtredite charge de Grand-Maiſtre & Capitaine general de l'Artillerie, enjoignons à tous Officiers d'Artillerie, Commiſſaires des fontes, & autres qu'il appartiendra, d'executer & de tenir la main à l'execution de la preſente Ordonnance. En témoin de quoy Nous avons fait expedier la preſente, ſignée de noſtre main, icelle fait ſceller du Sceau de nos Armes, & contreſigner par le Secretaire general de l'Artillerie de France. DONNÉ à Fontainebleau, le ſeizieme jour du mois d'Octobre mil ſept cens trente-deux. *Signé* L. A. DE BOURBON. *Et plus bas,* Par ſon Alteſſe Sereniſſime,

Signé LE BOITEULX.

PREMIERS TRAITS

Pour la Construction des Pieces de 24, 16, 12, 8, & 4.

TOUTE la longueur des Pieces, prise depuis l'extremité de la platte-bande de culasse, jusqu'à l'extremité de la bouche, est divisée en sept parties égales, comme on le voit par la ligne *AB* ponctuée au-dessus de chaque esquisse : deux de ces parties terminent le premier renfort, la troisieme partie termine le second renfort & le point contre lequel les tourillons sont posez, de maniere que la ligne du dessus desdits tourillons, coupe à angles droits l'axe de l'ame ; les quatre autres parties restent pour la volée des pieces.

Suivant cet emplacement des tourillons, la piece posée sur son affust, la culasse emportera la volée d'un trentieme ou environ du poids de la piece.

Les épaisseurs du métal aux differentes parties des pieces, sont déterminées par le diametre du boulet, divisé en douze parties égales, comme il est marqué sur chaque esquisse ; on a aussi marqué ces épaisseurs en pouces, lignes, & points de douze à la ligne, sur la table des dimensions des pieces de canon.

Les dimensions des plattes-bandes & moulures, tant pour leur largeur & saillie, que pour leur distance des unes aux autres, se trouvent marquées sur chaque esquisse, par des chiffres qui indiquent le nombre de parties du calibre de la piece qu'il faut leur donner à chacune, ce calibre divisé en trente-six parties égales ; & ces mêmes dimensions sont aussi marquées dans la table des plattes-bandes & moulures, par pouces, lignes & points de douze à la ligne.

Les anses se posent sur le second renfort ; de maniere que la teste de chacune se trouve située contre la platte-

220.

Du 7. Octobre 1732.

bande dudit second renfort, & la naissance de l'appuy de leurs queuës sur une ligne ponctuée sur les esquisses, qui divise par moitié la partie de la piece depuis le dessous de ladite platte-bande, jusqu'au dessous de celle du premier renfort.

Les testes des anses doivent estre écartées l'une de l'autre, interieurement, d'un diametre du boulet; & leurs queuës, d'un calibre de la piece.

Suivant cette position la piece se trouvera en équilibre estant suspenduë par ses anses; observant que quand on ne parvient pas au parfait équilibre, c'est la culasse qui doit l'emporter sur la volée, mais le moins qu'il est possible.

Les angles du fond de l'ame, suivant la table des dimensions des pieces, sont remplis d'un quart de calibre en portion de cercle.

La petite chambre pour les pieces de vingt-quatre & de seize, arrondie par le fond, est placée au centre du fond de l'ame.

On voit sur la coupe de chaque piece & mortier, l'emplacement de la masse de cuivre rouge dans laquelle est percée la lumiere, les dimensions desdites masses sont marquées sur les tables.

Les esquisses, plans & coupes, font connoistre les ornemens, & les endroits où ils doivent estre placez sur l'exterieur desdites pieces, mortiers & pierriers.

TABLE des dimenſions des Piece

Pieces de Canon.............

Calibre des Pieces.	
Diametre des Boulets.	
Longueur de l'Ame des pieces, les angles du fond remplis d'un quart de calibre en portion de cer	
Diametre de l'Ouverture de la petite chambre du fond de l'ame.	
Profondeur de la petite chambre arrondie par le fond.	
Epaiſſeur du Métal à la culaſſe, & au commencement du premier renfort.	12 parties
Epaiſſeur du Métal à la fin du premier renfort.	11 parties
Epaiſſeur du Métal au commencement du ſecond renfort.	10 parties
Epaiſſeur du Métal à la fin du ſecond renfort.	9 parties $\frac{1}{2}$
Epaiſſeur du Métal au commencement de la volée.	8 parties $\frac{1}{2}$
Epaiſſeur du Métal contre l'Aſtragale du collet.	5 parties $\frac{1}{2}$
Epaiſſeur du Métal au plus grand renflement de la bouche en tulipe. . .	8 parties
(Epaiſſeur des Métaux par le diametre du Boulet, diviſé en 12 parties égales.)	
Longueur du Bouton, compris le cul-de-lampe ou relief de la culaſſe. . .	2 diametres du Boulet
Diametre des Tourillons.	1 diametre du Boulet
Saillie des Tourillons.	1 diametre du Boulet
Longueur de la bouche en tulipe, depuis l'extrémité juſqu'au milieu de l'Aſtragale du collet.	2 diametres du Boulet
Les Lumiéres percées.	
Longueur des maſſes des Lumiéres.	
Diametre au gros bout.	
Diametre au petit bout.	

POIDS DES PIECES. . . . .

Du 7. Octobre 1772.

EXPLICATION des principales part
de 8. pouces 3. lignes de diametre
cylindre, contenant 1. livre ¾ de

A, L'Ame.

B, La chambre.

C, Les Tourillons placez ſous la chambr

D, La maſſe de cuivre rouge pour la lumié

E, L'Aſtragale de lumiére.

F, Ventre du Mortier.

G, Moulures inférieures du renfort.

H, Renfort.

I, Moulures ſupérieures du renfort.

K, La Volée.

L, Aſtragale du collet.

M, Collet & bourrelet.

N, Grande anſe poſée de travers ſur le re
près de ſon extrémité d'en bas.

O, Baſſinet pour contenir l'amorce de la

Vif de la Volée.		2.	0.	. . . .
2.	0.	2.	0.	. . . .

TAB
de

1. Aſtra
2. Liſte
3. Liſte
4. Aſtra
5. Cima
6. Liſte
7. Band
8. Liſte
9. Aſtra
10. Aſtra
11. Liſte
12. Platt
13. Coll
14. Liſte
15. Cein
16. Liſte
17. Quar

EXPLICATION des principales parties du Mortier de 8. pouces 3. lignes de diametre, à chambre cylindre, contenant 1. livre ¼ de poudre.

A, L'Ame.

B, La chambre.

C, Les Tourillons placez ſous la chambre.

D, La maſſe de cuivre rouge pour la lumiére. *Voyez la Coupe.*

E, L'Aſtragale de lumiére.

F, Ventre du Mortier.

G, Moulures inférieures du renfort.

H, Renfort.

I, Moulures ſupérieures du renfort.

K, La Volée.

L, Aſtragale du collet.

M, Collet & bourrelet.

N, Grande anſe poſée de travers ſur le renfort, à 4 lignes près de ſon extrémité d'en bas.

O, Baſſinet pour contenir l'amorce de la lumiére. *Voyez la Coupe.*

TABLE des noms & dimenſions des Moulures du Pierrier de 15. pouces de diametre, à chambre cone tronqué, contenant 2. livres ½ de poudre.

	Largeur deſdites Moulures, par pouces & lignes.		Saillie deſdites Moulures, par pouces & lignes.	
	Pouces.	Lignes.	Pouces.	Lignes.
1. Aſtragale	0.	6.	0.	4.
2. Liſtel de l'Aſtragale	0.	2.	0.	2.
3. Liſtel	0.	2.	0.	2.
4. Aſtragale	0.	6.	0.	4.
5. Cimaiſe ou gueule droite	0.	11.	Au convexe ...... 9. Au concave ..... 12.	
6. Liſtel	0.	2.	1.	10.
7. Bandeau	1.	0.	2.	0.
8. Liſtel inferieur du renfort	0.	2.	0.	2.
9. Aſtragale inferieur du renfort	0.	6.	0.	5.
10. Aſtragale ſuperieur du renfort	0.	6.	0.	5.
11. Liſtel	0.	2.	0.	2.
12. Platte-bande ſur la Volée	1.	5.	0.	3.
13. Collet ou Scotie prolongé	1.	6.	Au bas, vif de la Volée. Au haut .... 8.	
14. Liſtel du bourrelet	0.	2.	0.	8.
15. Ceinture du bourrelet	0.	10.	0.	10.
16. Liſtel	0.	2.	0.	8.
17. Quart de rond concave	0.	4.	Au plus haut ..... 8. Au plus bas ...... 4.	
18. Liſtel	0.	2.	0.	2.
19. Reglet de la bouche	0.	2.	Vif de la Volée.	

Du 7. Octobre 1732.

EXPLICATION des principales
de 15. pouces de diametre, à char
contenant 2. livres ½ de

A, L'Ame.

B, L'endroit de l'emplacement du tai

C, La chambre.

D, Les Tourillons placez sous la chan

E, La masse de cuivre rouge pour la lun

F, Astragale de la lumiére.

G, Ventre du Pierrier.

H, Moulures du ventre du Pierrier.

I, Ventre superieur.

K, Astragale inferieur du renfort.

L, Renfort.

M, Astragale superieur du renfort.

N, La Volée.

O, Platte-bande sur la Volée.

P, Collet.

Q, Bourrelet.

MORTIER............ 2300. livres.

TABLE
à ch

Profondeur
Profondeur
Grand diai
Petit diam
Diametre
Profondeu
E'paisseur
E'paisseur
E'paisseur
Longueur
E'paisseur
Diametre
Longueur
Hauteur
Longueur
Diametre
Diametre

LE des noms & dimensions des Moulures du Pierrier
15. pouces de diametre, à chambre cone tronqué,
contenant 2. livres ½ de poudre.

	Largeur desdites Moulures, par pouces & lignes.		Saillie desdites Moulures, par pouces & lignes.	
	Pouces.	Lignes.	Pouces.	Lignes.
gale	0.	6.	0.	4.
l de l'Astragale	0.	2.	0.	2.
l	0.	2.	0.	2.
gale	0.	6.	0.	4.
uise ou gueule droite	0.	11.	Au convexe	9.
			Au concave	12.
l	0.	2.	1.	10.
eau	1.	0.	2.	0.
l inferieur du renfort	0.	2.	0.	2.
gale inferieur du renfort	0.	6.	0.	5.
gale superieur du renfort	0.	6.	0.	5.
l	0.	2.	0.	2.
e-bande sur la Volée	1.	5.	0.	3.
t ou Scotie prolongé	1.	6.	Au bas, vif de la Volée.	
			Au haut	8.
l du bourrelet	0.	2.	0.	8.
ture du bourrelet	0.	10.	0.	10.
l	0.	2.	0.	8.
t de rond concave	0.	4.	Au plus haut	8.
			Au plus bas	4.

Explication des principales parties du Pierrier de 15. pouces de diametre, à chambre cone tronqué, contenant 2. livres ½ de poudre.

A, L'Ame.

B, L'endroit de l'emplacement du tampon.

C, La chambre.

D, Les Tourillons placez ſous la chambre.

E, La maſſe de cuivre rouge pour la lumiére. *Voyez la Coupe.*

F, Aſtragale de la lumiére.

G, Ventre du Pierrier.

H, Moulures du ventre du Pierrier.

I, Ventre ſuperieur.

K, Aſtragale inferieur du renfort.

L, Renfort.

M, Aſtragale ſuperieur du renfort.

N, La Volée.

O, Platte-bande ſur la Volée.

P, Collet.

Q, Bourrelet.

R, Petite anſe repreſentant un Dauphin, dont la teſte eſt poſée ſur la ceinture du bourrelet, & la queüe ſur la platte-bande du milieu de la Volée.

S, Grande anſe poſée de travers ſur le renfort, à 4. lignes près de ſon extrémité d'en bas.

T, Baſſinet pour contenir l'amorce de la lumiére. *Voyez la Coupe.*

TABLE des dimenſions du Mortier de 12 pouces de diametre à chambre poire, contenant 12 livres de poudre.

	Pieds.	Pouces.	Lignes.
Profondeur de l'ame, compris le demi-rond juſqu'à la bouche.	1.	6.	0.
Profondeur de la chambre.	0.	11.	6.
Grand diametre de la chambre par le bas.	0.	7.	0.
Petit diametre de la chambre par le haut.	0.	5.	0.
Diametre de la petite chambre.	0.	2.	0.
Profondeur de la petite chambre.	0.	1.	0.
E'paiſſeur du Métal autour de la chambre, au grand diametre.	0.	6.	0.
E'paiſſeur du Métal autour de la chambre, au petit diametre.	0.	5.	0.
E'paiſſeur du Métal au premier renfort.	0.	3.	3.
Longueur du premier renfort.	0.	8.	0.
E'paiſſeur du Métal à la Volée.	0.	2.	6.
Diametre des Tourillons.	0.	8.	0.
Longueur des Tourillons.	2.	6.	0.
Hauteur totale du Mortier.	3.	1.	6.
Longueur de la maſſe de lumiére.	0.	9.	0.
Diametre au gros bout.	0.	2.	4.
Diametre au petit bout.	0.	1.	8.
POIDS DE CE MORTIER	2300. livres.		

Du 7. Octobre 1732.

TABLE des noms & dimensions des M
de 12. pouces de calibre, à cha
contenant 12. livres de po

	Larg desdites M pa pouces &
	Pouces.
1. Listel inferieur du rondeau.	o.
2. Rondeau.	o.
3. Listel superieur du rondeau.	o.
4. Gorge.	o.
5. Listel de la gorge.	o.
6. Cimaise ou gueule droite.	1.
7. Listel inferieur du renfort.	o.
8. Listel superieur du renfort.	o.
9. Doucine.	1.
10. Listel.	o.
11. Listel du bourrelet.	o.

EXPL
de

A, L'A
B, La
C, Pet
D, Les
E, La
F, Peti
G, Le
H, Le
I, La
K, Peti
p
I
L, Gra
p
M, Bass
N, Mo
O, Mo
P, Bou

L des dimensions du Mortier de 12 pouces de diametre
ambre poire, contenant 12 livres de poudre.

	Pieds.	Pouces.	Lignes.
de l'ame, compris le demi-rond jusqu'à la bouche.	1.	6.	0.
de la chambre.	0.	11.	6.
metre de la chambre par le bas.	0.	7.	0.
etre de la chambre par le haut.	0.	5.	0.
de la petite chambre.	0.	2.	0.
r de la petite chambre.	0.	1.	0.
du Métal autour de la chambre, au grand diametre.	0.	6.	0.
du Métal autour de la chambre, au petit diametre.	0.	5.	0.
du Métal au premier renfort.	0.	3.	3.
du premier renfort.	0.	8.	0.
du Métal à la Volée.	0.	2.	6.
des Tourillons.	0.	8.	0.
des Tourillons.	2.	6.	0.
totale du Mortier.	3.	1.	6.
de la masse de lumiére.	0.	9.	0.
au gros bout.	0.	2.	4.
au petit bout.	0.	1.	8.

TABLE des noms & dimenſions des Moulures du Mortier de 12. pouces de calibre, à chambre poire, contenant 12. livres de poudre.

	Largeur deſdites Moulures, par pouces & lignes.		Saillie deſdites Moulures, par pouces, lignes & points de 12. à la ligne.		
	Pouces.	Lignes.	Pouces.	Lignes.	Points.
1. Liſtel inferieur du rondeau.	o.	3.	o.	1.	6.
2. Rondeau.	o.	6.	o.	6.	o.
3. Liſtel ſuperieur du rondeau.	o.	3.	o.	3.	o.
4. Gorge.	o.	6.	Demi-ronde, dont les extremitez finiſſent aux angles des Liſtaux.		
5. Liſtel de la gorge.	o.	3.	o.	3.	o.
6. Cimaiſe ou gueule droite.	1.	6.	au convexe au concave	4. 4.	o. o.
7. Liſtel inferieur du renfort.	o.	3.	o.	8.	o.
8. Liſtel ſuperieur du renfort.	o.	3.	o.	7.	o.
9. Doucine.	1.	o.	A la naiſſance du convexe Au centre. . . Au concave. A la fin. . . .	4. 6. 2. 3.	o. o. o. o.
10. Liſtel.	o.	3.	o.	2.	o.
11. Liſtel du bourrelet.	o.	3.	o.	2.	o.
12. Doucine renverſée, *idem*.	1.	o.	A la naiſſance du concave Au centre. . . Au convexe A la fin. . . .	3. 2. 7. 5.	o. o. o. o.
13. Liſtel, *idem*.	o.	3.	o.	9.	o.
14. Tore, *idem*	1.	o.	o.	15.	o.
15. Liſtel, *idem*.	o.	3.	o.	9.	o.
16. Cavet, *idem*.	o.	6.	o.	5.	o.
17. Reglet ou ceinture de la bouche.	o.	3.	o.	3.	o.

Explication des principales parties du Mortier de 12. pouces de calibre, à chambre poire, contenant 12. livres de poudre.

A, L'Ame.

B, La chambre.

C, Petite chambre.

D, Les Tourillons placez ſous la chambre.

E, La maſſe de cuivre rouge pour la lumiére. *Voyez la Coupe.*

F, Petits ſupports fondus avec le Mortier.

G, Le ventre du Mortier.

H, Le renfort.

I, La Volée.

K, Petite anſe repreſentant un Dauphin, dont la teſte eſt poſée ſur le tore du bourrelet, & la queüe contre le Liſtel de la Doucine au-deſſus du renfort.

L, Grande anſe poſée de travers ſur le renfort, à un pouce prés de ſon extrémité d'en bas.

M, Baſſinet pour contenir l'amorce de la lumiére. *Voyez la Coupe.*

N, Moulures inférieures du renfort.

O, Moulures ſupérieures du renfort.

P, Bourrelet.

Du 7. Octobre 1738

…hambre cylindre, du Mortier de 8 pouc… …uces de diametre, à chambre cone tr…

Mortier de 12. pouces de diametre, à chambre cylindre.				Mortier de 8. pouc. 3. lig… de diametre, à chambre cylindre.			
Pieds.	Pouces.	Lignes.	Points.	Pieds.	Pouces.	Lignes.	Points.
1.	6.	0.	0.	0.	12.	4.	6.
0.	9.	0.	0.	0.	6.	2.	3.
0.	4.	0.	0.	0.	2.	9.	0.
0.	4.	0.	0.	0.	2.	9.	0.
………………				………………			
………………				………………			
0.	2.	0.	0.	0.	1.	6.	0.
0.	2.	6.	0.	0.	2.	0.	0.
0.	7.	0.	0.	0.	5.	0.	0.
0.	4.	0.	0.	0.	2.	9.	0.
0.	1.	0.	0.	0.	0.	8.	0
0.	7.	3.	0.	0.	4.	8.	0
2.	4.	0.	0.	1.	6.	8.	0
0.	4.	6.	0.	0.	3.	0.	0
0.	2.	4.	0.	0.	1.	8.	c
0.	1.	6.	0.	0.	1.	4.	c
…. 1450. livres. …..				……. 500. livres. ..			
…… 5. liv. $\frac{1}{2}$ ……				……….. 1. liv. $\frac{3}{4}$ …			

TABL… 8 … de…

1. Astraga…
2. Listel …
3. Listel …
4. Rondea…
5. Scotie. …
6. Listel. …
7. Oeuf. …
8. Listel. …
9. Listel …
10. Douciri…
11. Listel. …
12. Listel …
13. Astraga…
14. Collet
15. Listel.
16. Quart …
17. Listel.
18. Quart …
19. Reglet

ICATION des principales parties du Mortier 12. pouces de calibre, à chambre poire, contenant 12. livres de poudre.

ame.

chambre.

ite chambre.

Tourillons placez ſous la chambre.

maſſe de cuivre rouge pour la lumiére. *Voyez la Coupe.*

its ſupports fondus avec le Mortier.

ventre du Mortier.

renfort.

e Volée.

te anſe repreſentant un Dauphin, dont la teſte eſt poſée ſur le tore du bourrelet, & la queüe contre le liſtel de la Doucine au-deſſus du renfort.

nde anſe poſée de travers ſur le renfort, à un pouce rès de ſon extrémité d'en bas.

ſinet pour contenir l'amorce de la lumiére. *Voyez la Coupe.*

ulures inférieures du renfort.

ulures ſupérieures du renfort.

rrelet.

à chambre cylindre, du Mortier de 8 pouces 3 lign. de diametre pouces de diametre, à chambre cone tronqué.

Mortier de 12. pouces de diametre, à chambre cylindre.				Mortier de 8. pouc. 3. lign. de diametre, à chambre cylindre.				Pierrier de 15. pouces de diametre, à chambre cone tronqué.			
Pieds.	Pouces.	Lignes.	Points.	Pieds.	Pouces.	Lignes.	Points.	Pieds.	Pouces.	Lignes.	Points.
1.	6.	0.	0.	0.	12.	4.	6.	1.	6.	6.	0.
0.	9.	0.	0.	0.	6.	2.	3.	0.	8.	de hauteur en cone tronqué.	
0.	4.	0.	0.	0.	2.	9.	0.	0.	4.	0.	0.
0.	4.	0.	0.	0.	2.	9.	0.	0.	2.	6.	0.
....				....				0.	6.	10.	0.
....				....				0.	1.	6.	0.
0.	2.	0.	0.	0.	1.	6.	0.	0.	1.	6.	0.
0.	2.	6.	0.	0.	2.	0.	0.	0.	2.	0.	0.
0.	7.	0.	0.	0.	5.	0.	0.	0.	3.	0.	0.
0.	4.	0.	0.	0.	2.	9.	0.	0.	3.	0.	0.
0.	1.	0.	0.	0.	0.	8.	0.	0.	1.	0.	0.
0.	7.	3.	0.	0.	4.	8.	0.	0.	5.	6.	0.
2.	4.	0.	0.	1.	6.	8.	0.	1.	8.	0.	0.
0.	4.	6.	0.	0.	3.	0.	0.	0.	3.	6.	0.
0.	2.	4.	0.	0.	1.	8.	0.	0.	2.	0.	0.
0.	1.	6.	0.	0.	1.	4.	0.	0.	1.	6.	0.
...... 1450. livres.				.... 500. livres.				...... 1000. livres.			
.... 5. liv. $\frac{1}{2}$				.... 1. liv. $\frac{3}{4}$				.... 2. liv. $\frac{1}{2}$.			

TABLE des noms & dimenſions des Moulures du Mortier de 12. pouces de diametre, à chambre cylindre, contenant 5. livres ½ de poudre.

	Largeur desdites Moulures, par pouces & lignes.		Saillie desdites Moulures, par pouces & lignes.	
	Pouces.	Lignes.	Pouces.	Lignes.
1. Aſtragale	0.	6.	0.	4.
2. Liſtel de l'Aſtragale	0.	2.	0.	2.
3. Liſtel des Moulures inferieures du renfort.	0.	2.	0.	2.
4. Rondeau	0.	7.	0.	6.
5. Scotie	0.	10.	Au plus bas … 8. Au plus haut … 15.	
6. Liſtel	0.	2.	0.	15.
7. Oeuf	1.	0.	La naiſſance au Liſtel inferieur … 24.	
8. Liſtel	0.	3.	2.	3.
9. Liſtel ſuperieur du renfort	0.	3.	3.	3.
10. Doucine renverſée	0.	11.	Le bas, vif de la Volée. Le haut … 5.	
11. Liſtel	0.	2.	0.	2.
12. Liſtel de l'Aſtragale du colet	0.	2.	0.	2.
13. Aſtragale	0.	6.	0.	5.
14. Collet ou Scotie prolongé	1.	6.	Le bas, vif de la Volée. Le haut … 8.	
15. Liſtel	0.	2.	0.	8.
16. Quart de rond convexe	0.	10.	0.	15.
17. Liſtel	0.	2.	0.	7.
18. Quart de rond concave	0.	6.	Au plus haut … 7. Au plus bas … 2.	
19. Reglet de la bouche	0.	2.	Vif de la Volée.	

Du 7. 8bre 1732

EXPLICATION *des principales*
de 12. pouces de diametre, à c
contenant 5. livres ½ d

A, L'Ame.

B, La chambre.

C, Les Tourillons placez ſous la ch

D, La maſſe de cuivre rouge pour la

E, L'Aſtragale de lumiére.

F, Ventre du Mortier.

G, Moulures inférieures du renfort.

H, Renfort.

I, Moulures ſupérieures du renfor

K, La Volée.

L, Aſtragale du collet.

M, Collet & bourrelet.

N, Petite anſe repreſentant un D
poſée ſur le quart de rond c
bout de la queüe contre le

O, Grande anſe poſée de travers
près de ſon extrémité d'en

P, Baſſinet pour contenir l'amor
Coupe.

TAB
de 8

1. Aſtra
2. Liſte
3. Liſtel
4. Aſtra
5. Scoti
6. Liſtel
7. Cimai
8. Liſtel.
9. Liſtel
10. Douci
11. Liſtel.
12. Liſtel
13. Aſtrag
14. Collet
15. Liſtel.
16. Quart
17. Liſtel.
18. Quart
19. Reglet

E des noms & dimensions des Moulures du Mortier 12. pouces de diametre, à chambre cylindre, contenant 5. livres ½ de poudre.

	Largeur desdites Moulures, par pouces & lignes.		Saillie desdites Moulures, par pouces & lignes.	
	Pouces.	Lignes.	Pouces.	Lignes.
ıle	0.	6.	0.	4.
ıe l'Astragale.............	0.	2.	0.	2.
les Moulures inferieures du renfort.	0.	2.	0.	2.
au....................	0.	7.	0.	6.
....	0.	10.	Au plus bas...... 8. Au plus haut.... 15.	
....	0.	2.	0.	15.
....	1.	0.	La naissance au Listel inferieur... 24.	
....	0.	3.	2.	3.
ıperieur du renfort..........	0.	3.	3.	3.
ıe renversée	0.	11.	Le bas, vif de la Volée. Le haut......... 5.	
....	0.	2.	0.	2.
le l'Astragale du colet........	0.	2.	0.	2.
le......................	0.	6.	0.	5.
ou Scotie prolongé	1.	6.	Le bas, vif de la Volée. Le haut......... 8.	
....	0.	2.	0.	8.
ıe rond convexe	0.	10.	0.	15.
....	0.	2.	0.	7.
ıe rond concave	0.	6.	Au plus haut..... 7. Au plus bas...... 2.	
de la bouche, ...	0.	2.	Vif de la Volée.	

Explication des principales parties du Mortier de 12. pouces de diametre, à chambre cylindre, contenant 5. livres ½ de poudre.

A, L'Ame.

B, La chambre.

C, Les Tourillons placez ſous la chambre.

D, La maſſe de cuivre rouge pour la lumiére. *Voyez la Coupe.*

E, L'Aſtragale de lumiére.

F, Ventre du Mortier.

G, Moulures inférieures du renfort.

H, Renfort.

I, Moulures ſupérieures du renfort.

K, La Volée.

L, Aſtragale du collet.

M, Collet & bourrelet.

N, Petite anſe repreſentant un Dauphin, dont la teſte eſt poſée ſur le quart de rond convexe du bourrelet, & le bout de la queüe contre le Liſtel de la Volée.

O, Grande anſe poſée de travers ſur le renfort, à 6 lignes près de ſon extrémité d'en bas.

P, Baſſinet pour contenir l'amorce de la lumiére. *Voyez la Coupe.*

TABLE des noms & dimenſions des Moulures du Mortier de 8. pouces 3. lignes de diametre, à chambre cylindre, contenant 1. livre ¾ de poudre.

	Largeur deſdites Moulures, par pouces, lignes & points de 12. à la ligne.			Saillie deſdites Moulures, par pouces, lignes & points de 12. à la ligne.		
	Pouces.	Lignes.	Points.	Pouces.	Lignes.	Points.
1. Aſtragale.	0.	4.	0.	0.	3.	0.
2. Liſtel de l'Aſtragale.	0.	1.	6.	0.	1.	6.
3. Liſtel des Moulures inferieures du renfort.	0.	1.	6.	0.	1.	6.
4. Aſtragale.	0.	4.	0.	0.	3.	0.
5. Scotie.	0.	6.	0.	En bas, vif du Mortier. En haut.	8.	0.
6. Liſtel.	0.	1.	6.	0.	8.	0.
7. Cimaiſe en gueule droite.	1.	3.	0.	au convexe 1 au concave 1	2. 4.	0. 0.
8. Liſtel.	0.	1.	6.	1.	10.	0.
9. Liſtel ſuperieur du renfort.	0.	1.	6.	0.	4.	0.
10. Doucine renverſée.	0.	8.	0.	Le bas, vif de la Volée. Le haut....	3.	6.
11. Liſtel.	0.	1.	6.	0.	1.	6.
12. Liſtel de l'Aſtragale du collet.	0.	1.	6.	0.	1.	6.
13. Aſtragale.	0.	4.	0.	0.	3.	0.
14. Collet ou Scotie prolongé.	0.	10.	0.	Le bas, vif de la Volée. Le haut....	6.	0.
15. Liſtel.	0.	1.	6.	0.	6.	0.
16. Quart de rond convexe.	0.	6.	0.	0.	10.	0.
17. Liſtel.	0.	1.	6.	0.	5.	0.
18. Quart de rond concave.	0.	4.	0.	Au plus haut Au plus bas.	5. 1.	0. 6.
19. Reglet de la bouche.	0.	1.	6.	Vif de la Volée.		

(Du 7. Octobre 1792.

TABLE des dimensions du Mortier de 12 p[...] à chambre poire, contenant 5 livres ½

Profondeur de l'ame, compris le demi-rond. . . . .

Profondeur de la chambre. . . . .

Ouverture ou diametre de la chambre par le haut. . . .

Ouverture ou diametre de la chambre par le bas, dont fond est demi-spherique. . . . .

La Lumiére percée rase le fond de la chambre.

E'paisseur du Métal dessous la chambre. . . . .

E'paisseur du Métal autour du plus grand diametre de chambre. . . . .

E'paisseur du Métal au haut de la chambre. . . . .

Hauteur du renfort, dont le milieu repond au centre q[...] décrit le fond de l'ame. . . . .

E'paisseur du Métal au renfort. . . . .

E'paisseur du Métal à la Volée. . . . .

Diametre des Tourillons. . . . .

Longueur des Tourillons. . . . .

Longueur de la masse de lumiére. . . . .

Diametre au gros bout. . . . .

Diametre au petit bout. . . . .

POIDS DE CE MORTIER . . . .

TA[...]
Mo[...]
c[...]

1. Lis[...]
l[...]
2. Sco[...]
3. Lis[...]
4. Cir[...]
5. Lis[...]
6. Lis[...]
7. Do[...]
8. Lis[...]
9. Lis[...]
c[...]
10. Ast[...]
11. Col[...]
l[...]
12. Liste[...]
13. Tor[...]
14. Regl[...]
b[...]

LE des noms & dimensions des Moulures du Mortier 8. pouces 3. lignes de diametre, à chambre cylindre, contenant 1. livre ¾ de poudre.

	Largeur desdites Moulures, par pouces, lignes & points de 12. à la ligne.			Saillie desdites Moulures, par pouces, lignes & points de 12. à la ligne.		
	Pouces.	Lignes.	Points.	Pouces.	Lignes.	Points.
gale.	0.	4.	0.	0.	3.	0.
de l'Astragale.	0.	1.	6.	0.	1.	6.
des Moulures inferieures du renfort.	0.	1.	6.	0.	1.	6.
gale.	0.	4.	0.	0.	3.	0.
. . . .	0.	6.	0.	En bas, vif du Mortier. En haut.	 8.	 0.
. . . .	0.	1.	6.	0.	8.	0.
se en gueule droite.	1.	3.	0.	au convexe au concave	12. 14.	0. 0.
. . . .	0.	1.	6.	1.	10.	0.
superieur du renfort.	0.	1.	6.	0.	4.	0.
ne renversée.	0.	8.	0.	Le bas, vif de la Volée. Le haut. . . .	 3.	 6.
. . . .	0.	1.	6.	0.	1.	6.
de l'Astragale du collet.	0.	1.	6.	0.	1.	6.
ale.	0.	4.	0.	0.	3.	0.
ou Scotie prolongé.	0.	10.	0.	Le bas, vif de la Volée. Le haut. . . .	 6.	 0.
. . . .	0.	1.	6.	0.	6.	0.
de rond convexe.	0.	6.	0.	0.	10.	0.
. . . .	0.	1.	6.	0.	5.	0.
de rond concave.	0.	4.	0.	Au plus haut Au plus bas.	5. 1.	0. 6.
de la bouche.	0.	1.	6.	Vif de la Volée.		

Du 7. Octobre 1792. 220

TABLE des dimenſions du Mortier de 12 pouces de calibre, à chambre poire, contenant 5 livres ½ de poudre.

	Pieds.	Pouces.	Lignes.
Profondeur de l'ame, compris le demi-rond.	1.	6.	0.
Profondeur de la chambre.	0.	8.	6.
Ouverture ou diametre de la chambre par le haut.	0.	4.	0.
Ouverture ou diametre de la chambre par le bas, dont le fond eſt demi-ſpherique.	0.	5.	0.
La Lumiére percée raſe le fond de la chambre.			
E'paiſſeur du Métal deſſous la chambre.	0.	7.	10.
E'paiſſeur du Métal autour du plus grand diametre de la chambre.	0.	5.	0.
E'paiſſeur du Métal au haut de la chambre.	0.	4.	3.
Hauteur du renfort, dont le milieu repond au centre qui décrit le fond de l'ame.	0.	7.	0.
E'paiſſeur du Métal au renfort.	0.	3.	0.
E'paiſſeur du Métal à la Volée.	0.	2.	3.
Diametre des Tourillons.	0.	7.	3.
Longueur des Tourillons.	2.	4.	0.
Longueur de la maſſe de lumiére.	0.	7.	0.
Diametre au gros bout.	0.	2.	4.
Diametre au petit bout.	0.	1.	8.
POIDS DE CE MORTIER	1700. livres.		

TABLE des noms & dimenſions des Moulures du Mortier de 12. pouces de calibre, à chambre poire, contenant 5. livres ½ de poudre.

	Largeur deſdites Moulures, par pouces & lignes.		Saillie deſdites Moulures, par pouces, lignes & points de 12. à la ligne.		
	Pouces.	Lignes.	Pouces.	Lignes.	Points.
1. Liſtel inferieur des Moulures du renfort.....	0.	3.	0.	3.	0.
2. Scotie..............	0.	9.	0.	6.	0.
3. Liſtel..............	0.	2.	0.	6.	0.
4. Cimaiſe..............	1.	9.	Au convexe	6.	0.
			Au concave	3.	0.
5. Liſtel inférieur du renfort.	0.	2.	0.	6.	0.
6. Liſtel ſupérieur du renfort.	0.	2.	0.	6.	0.
7. Doucine renverſée.....	1.	0.	Le bas, vif de la Volée.		
			Le haut...	6.	0.
8. Liſtel..............	0.	2.	0.	2.	0.
9. Liſtel de l'Aſtragale du collet..............	0.	2.	0.	2.	0.
10. Aſtragale..............	0.	6.	0.	5.	0.
11. Collet ou Scotie prolongé..............	1.	6.	Le bas, vif de la Volee.		
			Le haut...	6.	0.
12. Liſtel..............	0.	2.	0.	6.	0.
13. Tore..............	1.	3.	1.	0.	0.
14. Reglet ou ceinture de la bouche..............	0.	3.	0.	3.	0.

EXPLICATION

Des principales parties du Mortier de 12. pouces de calibre, à chambre poire, contenant 5. livres ½ de poudre.

A, L'Ame.

B, La chambre.

C, Les Tourillons placez ſous la chambre.

D, La maſſe de cuivre rouge pour la lumiére. *Voyez la Coupe.*

E, Petits ſupports fondus avec le Mortier.

F, Ventre du Mortier.

G, Moulures inférieures du renfort.

H, Renfort.

I, Moulures ſuperieures du renfort.

K, La Volée.

L, Aſtragale du collet.

M, Collet.

N, Bourrelet.

O, Petite anſe repreſentant un Dauphin, dont la teſte eſt poſée ſur le bourrelet, & la queüe au milieu de la volée.

P, Grande anſe poſée de travers ſur le renfort, à 6 lignes près de ſon extrémité d'en bas.

Q, Baſſinet pour contenir l'amorce de la lumiére. *Voyez la Coupe.*

Du 7.8bre 1732.

de Canon des

...de 24...				...de 16...			
Pieds.	Pouces.	Lignes.	Points.	Pieds.	Pouces.	Lignes.	Points.
0.	5.	7.	7.½	0.	4.	11.	2.5/8
0.	5.	5.	4.	0.	4.	9.	2.
9.	6.	0.	0.	9.	2.	0.	0.
0.	1.	6.	0.	0.	1.	0.	0.
0.	2.	6.	0.	0.	1.	10.	0.
0.	5.	5.	4.	0.	4.	9.	2.
0.	4.	11.	10.⅔	0.	4.	4.	4.
0.	4.	6.	5.⅓	0.	3.	11.	7.
0.	4.	3.	8.⅔	0.	3.	9.	3
0.	3.	10.	3.⅓	0.	3.	4.	5
0.	2.	5.	11.⅓	0.	2.	2.	2
0.	3.	7.	6.⅔	0.	3.	2.	1
0.	10.	10.	8.	0.	9.	6.	4
0.	5.	5.	4.	0.	4.	9.	[illegible]
0.	5.	5.	4.	0.	4.	9.	[illegible]

TABLE

Profondeur
Profondeur
Ouverture d
Ouverture d diametre
Diametre de
Hauteur de
E'paisseur du
E'paisseur du
Hauteur du
E'paisseur du
La chambre
Diametre des
Longueur de
Longueur de
Diametre au
Diametre au

3LE des noms & dimenſions des ılures du Mortier de 12. pouces de ılibre, à chambre poire, contenant 5. livres ½ de poudre.

	Largeur desdites Moulures, par pouces & lignes.		Saillie desdites Moulures, par pouces, lignes & points de 12. à la ligne.		
	Pouces.	Lignes.	Pouces.	Lignes.	Points.
tel inferieur des Mou- ıres du renfort.....	o.	3.	o.	3.	o.
tie..............	o.	9.	o.	6.	o.
ıd...............	o.	2.	o.	6.	o.
ıaiſe............	1.	9.	Au convexe / Au concave	6. / 3.	o. / o.
el inférieur du renfort.	o.	2.	o.	6.	o.
el ſupérieur du renfort.	o.	2.	o.	6.	o.
ıcine renverſée.....	1.	o.	Le bas, vif de la Volée. / Le haut...	6.	o.
el..............	o.	2.	o.	2.	o.
el de l'Aſtragale du ollet............	o.	2.	o.	2.	o.
agale............	o.	6.	o.	5.	o.
et ou Scotie pro- ongé..............	1.	6.	Le bas, vif de la Volée. / Le haut...	6.	o.
l................	o.	2.	o.	6.	o.
....	1.	3.	1.	o.	o.
et ou ceinture de la ouche..........	o.	3.	o.	3.	o.

EXPLICATION

Des principales parties du Mortier de 12. pouces de calibre, à chambre poire, contenant 5. livres ½ de poudre.

A, L'Ame.

B, La chambre.

C, Les Tourillons placez ſous la chambre.

D, La maſſe de cuivre rouge pour la lumiére. *Voyez la Coupe.*

E, Petits ſupports fondus avec le Mortier.

F, Ventre du Mortier.

G, Moulures inférieures du renfort.

H, Renfort.

I, Moulures ſuperieures du renfort.

K, La Volée.

L, Aſtragale du collet.

M, Collet.

N, Bourrelet.

O, Petite anſe repreſentant un Dauphin, dont la teſte eſt poſée ſur le bourrelet, & la queüe au milieu de la volée.

P, Grande anſe poſée de travers ſur le renfort, à 6 lignes près de ſon extrémité d'en bas.

Q, Baſſinet pour contenir l'amorce de la lumiére. *Voyez la Coupe.*

Du 7.8bre 1732. 227

de Canon des cinq calibres.

...de 24...				...de 16....				...de 12....				.... de 8....				.... de 4.			
Pieds.	Pouces.	Lignes.	Points.	Pieds.	Pouces.	Lignes.	Points.	Pieds.	Pouces.	Lignes.	Points.	Pieds.	Pouces.	Lignes.	Points.	Pieds.	Pouces.	Lignes.	Points.
0.	5.	7.	7. $\frac{1}{2}$	0.	4.	11.	2. $\frac{5}{8}$	0.	4.	5.	9.	0.	3.	11.	0.	0.	3.	1.	3. $\frac{3}{4}$
0.	5.	5.	4.	0.	4.	9.	2.	0.	4.	3.	11. $\frac{1}{4}$	0.	3.	9.	4. $\frac{1}{2}$	0.	3.	0.	0.
9.	6.	0.	0.	9.	2.	0.	0.	8.	8.	0.	0.	7.	10.	0.	0.	6.	6.	0.	0.
0.	1.	6.	0.	0.	1.	0.	0.	Point de petite chambre.				Point de petite chambre.				Point de petite chambre.			
0.	2.	6.	0.	0.	1.	10.	0.	Point de petite chambre.				Point de petite chambre.				Point de petite chambre.			
0.	5.	5.	4.	0.	4.	9.	2.	0.	4.	3.	11. $\frac{1}{4}$	0.	3.	9.	4. $\frac{1}{2}$	0.	3.	0.	0.
0.	4.	11.	10. $\frac{2}{3}$	0.	4.	4.	4. $\frac{5}{6}$	0.	3.	11.	7. $\frac{5}{16}$	0.	3.	5.	7. $\frac{1}{8}$	0.	2.	9.	0.
0.	4.	6.	5. $\frac{1}{3}$	0.	3.	11.	7. $\frac{2}{3}$	0.	3.	7.	3. $\frac{3}{8}$	0.	3.	1.	9. $\frac{3}{4}$	0.	2.	6.	0.
0.	4.	3.	8. $\frac{2}{3}$	0.	3.	9.	3. $\frac{1}{12}$	0.	3.	5.	1. $\frac{13}{32}$	0.	2.	11.	11. $\frac{1}{16}$	0.	2.	4.	6.
0.	3.	10.	3. $\frac{1}{3}$	0.	3.	4.	5. $\frac{11}{12}$	0.	3.	0.	9. $\frac{15}{32}$	0.	2.	8.	1. $\frac{11}{16}$	0.	2.	1.	6.
0.	2.	5.	11. $\frac{1}{3}$	0.	2.	2.	2. $\frac{5}{12}$	0.	1.	11.	9. $\frac{21}{32}$	0.	1.	8.	9. $\frac{9}{16}$	0.	1.	4.	6.
0.	3.	7.	6. $\frac{2}{3}$	0.	3.	2.	1. $\frac{1}{3}$	0.	2.	10.	7. $\frac{1}{2}$	0.	2.	6.	3.	0.	2.	0.	0.
0.	10.	10.	8.	0.	9.	6.	4.	0.	8.	7.	10. $\frac{1}{2}$	0.	7.	6.	9.	0.	6.	0.	0.
0.	5.	5.	4.	0.	4.	9.	2.	0.	4.	3.	11. $\frac{1}{4}$	0.	3.	9.	4. $\frac{1}{2}$	0.	3.	0.	0.
0.	5.	5.	4.	0.	4.	9.	2.	0.	4.	3.	11. $\frac{1}{4}$	0.	3.	9.	4. $\frac{1}{2}$	0.	3.	0.	0.
0.	10.	10.	8.	0.	9.	6.	4.	0.	8.	7.	10. $\frac{1}{2}$	0.	7.	6.	9.	0.	6.	0.	0.
à 9. lignes du fond de l'arrondiſſement de la petite chambre.				à 8. lignes du fond de l'arrondiſſement de la petite chambre.				... à 8. lignes du fond de l'ame. ...				... à 7. lignes du fond de l'ame. ...				... à 6. lignes du fond de l'ame.			
0.	9.	0.	0.	0.	8.	0.	0.	0.	4.	8.	0.	0.	4.	0.	0.	0.	3.	3.	0.
0.	3.	0.	0.	0.	2.	6.	0.	0.	2.	6.	0.	0.	2.	4.	0.	0.	2.	0.	0.
0.	2.	3.	0.	0.	2.	0.	0.	0.	1.	9.	0.	0.	1.	6.	0.	0.	1.	4.	0.
5400. liv. au plus.				4200. liv. au plus.				3200. liv. au plus.				2100. liv. au plus.				1150. liv. au plus.			

TABLE des dimensions des Plattes-bandes & Moulures des Piéces de Canon des cinq calibres.

Noms des Plattes-bandes & Moulures des Piéces.	Largeur & Saillie desdites Plattes-bandes & Moulures, par 36.mes parties du calib.re desdites Piéces.		Largeur & Saillie desdites Plattes-bandes & Moulures, par pouces, lignes & points de 12. à la ligne.									
			24.		16.		12.		8.		4.	
	Largeur.	Saillie.	Largeur. Pouces. Lignes. Points.	Saillie. Pouces. Lignes. Points.	Largeur. Pouces. Lignes. Points.	Saillie. Pouces. Lignes. Points.	Largeur. Pouces. Lignes. Points.	Saillie. Pouces. Lignes. Points.	Largeur. Pouces. Lignes. Points.	Saillie. Pouces. Lignes. Points.	Largeur. Pouces. Lignes. Points.	Saillie. Pouces. Lignes. Points.
1. Plinthe ou platte-bande de la Culasse.	9/36.	4/36.	1. 4.11.	0. 7. 6.	1. 2. 9.	0. 6. 7.	0.11. 4.	0. 6. 0.	0.11. 9.	0. 5. 3.	0. 9. 4.	0. 4. 2.
2. Torre de la Culasse.	4/36.	4/36.	0. 7. 6.	0. 7. 6.	0. 6. 7.	0. 6. 7.	0. 6. 0.	0. 6. 0.	0. 5. 3.	0. 5. 3.	0. 4. 2.	0. 4. 2.
3. Listel inférieur de la Gorge.	1/36.	2/36.	0. 1.10.½	0. 3. 9.	0. 1. 8.	0. 3. 4.	0. 1. 6.	0. 3. 0.	0. 1. 4.	0. 2. 8.	0. 1. 0.	0. 2. 1.
4. Gorge de la Culasse.	3/36.	Les extrémités finissent aux angles des Listaux.	0. 5. 8.	Les extrémités finissent aux angles des Listaux.	0. 4.11.	Les extrémités finissent aux angles des Listaux.	0. 4. 6.	Les extrémités finissent aux angles des Listaux.	0. 4. 0.	Les extrémités finissent aux angles des Listaux.	0. 3. 1.	Les extrémités finissent aux angles des Listaux.
5. Listel supérieur de la Gorge.	1/36.	1/36.	0. 1.10.½	0. 1.10.½	0. 1. 8.	0. 1. 8.	0. 1. 6.	0. 1. 6.	0. 1. 4.	0. 1. 4.	0. 1. 0.	0. 1. 0.
6. Rondeau de la Culasse.	3/36.	2/36.	0. 5. 8.	0. 3. 9.	0. 4.11.	0. 3. 4.	0. 4. 6.	0. 3. 0.	0. 4. 0.	0. 2. 8.	0. 3. 1.	0. 2. 1.
7. Listel du Rondeau.	1/36.	½ partie.	0. 1.10.½	0.11. 0.	0. 1. 8.	0. 0.10.	0. 1. 6.	0. 0. 9.	0. 1. 4.	0. 0. 8.	0. 1. 0.	0. 0. 6.
8. Champ de Lumiere.	18/36.	Vif de la Piéce.	2.10. 0.	Vif de la Piéce.	2. 5. 7.	Vif de la Piéce.	2. 2.10.	Vif de la Piéce.	1.11. 6.	Vif de la Piéce.	1. 6. 8.	Vif de la piéce.
9. Listel inférieur de l'Astragale du premier Renfort.	1/36.	⅓ de partie.	0. 1.10.½	0. 0. 8.	0. 1. 8.	0. 0. 7.	0. 1. 6.	0. 0. 6.	0. 1. 4.	0. 0. 5.	0. 1. 0.	0. 0. 4.
10. Astragale du premier Renfort.	2/36.	1½/36.	0. 3. 9.	0. 2. 9.½	0. 3. 4.	0. 2. 6.	0. 3. 0.	0. 2. 3.	0. 2. 8.	0. 2. 0.	0. 2. 0.	0. 1. 6.
11. Listel supérieur de l'Astragale du premier Renfort.	1/36.	⅓ de partie.	0. 1.10.	0. 0. 8.	0. 1. 8.	0. 0. 7.	0. 1. 6.	0. 0. 6.	0. 1. 4.	0. 0. 5.	0. 1. 0.	0. 0. 4.
12. Platte-bande du premier Renfort.	7/36.	⅓ de partie.	0.13. 2.	0. 0. 8.	0.11. 6.	0. 0. 7.	0.10. 6.	0. 0. 6.	0. 9. 2.	0. 0. 5.	0. 7. 3.	0. 0. 4.
13. Doucine du second Renfort.	7/36.	au plus saillant 3/36 au moyen... 1/36 au plus bas... ½	0.13. 2.	0. 5. 8. 0. 1.10. 0. 0.11.	0.11. 6.	0. 4.11. 0. 1. 8. 0. 0.10.	0.10. 6.	0. 4. 6. 0. 1. 6. 0. 0. 9.	0. 9. 2.	0. 4. 0. 0. 1. 4. 0. 0. 8.	0. 7. 3.	0. 3. 0. 0. 1. 0. 0. 0. 6.
14. Listel de ladite Doucine.	1/36.	⅓ de partie.	0. 1.10.	0. 0. 8.	0. 1. 8.	0. 0. 7.	0. 1. 6.	0. 0. 6.	0. 1. 4.	0. 0. 5.	0. 1. 0.	0. 0. 4.
15. Platte-bande du second Renfort.	6/36.	⅓ de partie.	0.11. 4.	0. 0. 8.	0. 9.10.	0. 0. 7.	0. 9. 0.	0. 0. 6.	0. 8. 5.	0. 0. 5.	0. 6. 2.	0. 0. 4.
16. Doucine de la Volée.	6/36.	au plus saillant 3/36 au moyen.... 1/36 au plus bas... ½	0.11. 4.	0. 5. 8. 0. 1.10. 0. 0.11.	0. 9.10.	0. 4.11. 0. 1. 8. 0. 0.10.	0. 9. 0.	0. 4. 6. 0. 1. 6. 0. 0. 9.	0. 8. 0.	0. 4. 0. 0. 1. 4. 0. 0. 8.	0. 6. 2.	0. 3. 0. 0. 1. 0. 0. 0. 6.
17. Listel de ladite Doucine.	1/36.	⅓ de partie.	0. 1.10.	0. 0. 8.	0. 1. 8.	0. 0. 7.	0. 1. 6.	0. 0. 6.	0. 1. 4.	0. 0. 5.	0. 1. 0.	0. 0. 4.
18. Ornemens de la Volée.	16/36.	Vif de la Volée.	2. 6. 1.	Vif de la Volée.	2. 2. 4.	Vif de la Volée.	1.11.10.	Vif de la Volée.	1. 8.10.	Vif de la volée.	1. 4. 8.	Vif de la volée.
19. Listel inférieur de l'Astragale de la Volée.	1/36.	⅓ de partie.	0. 1.10.	0. 0. 8.	0. 1. 8.	0. 0. 7.	0. 1. 6.	0. 0. 6.	0. 1. 4.	0. 0. 5.	0. 1. 0.	0. 0. 4.
20. Astragale de l'ornement de la Volée.	2/36.	1½/36.	0. 3. 8.	0. 2. 9.	0. 3. 4.	0. 2. 6.	0. 3. 0.	0. 2. 3.	0. 2. 8.	0. 2. 0.	0. 2. 0.	0. 1. 6.
21. Listel supérieur de l'Astragale de la Volée.	1/36.	⅓ de partie.	0. 1.10.	0. 0. 8.	0. 1. 8.	0. 0. 7.	0. 1. 6.	0. 0. 6.	0. 1. 4.	0. 0. 5.	0. 1. 0.	0. 0. 4.
22. Scotie de l'Astragale du collet.	2/36.	au plus haut 1/36 au plus bas. ½	0. 3. 8.	0. 1.10. 0. 0.11.	0. 3. 4.	0. 1. 8. 0. 0.10.	0. 3. 0.	0. 1. 6. 0. 0. 9.	0. 2. 8.	0. 1. 4. 0. 0. 8.	0. 2. 0.	0. 1. 0. 0. 0. 6.
23. Ceinture de la Scotie.	1/36.	1/36.	0. 1.10.	0. 1.10.	0. 1. 8.	0. 1. 8.	0. 1. 6.	0. 1. 6.	0. 1. 4.	0. 1. 4.	0. 1. 0.	0. 1. 0.
24. Astragale du collet.	2/36.	2/36.	0. 3. 8.	0. 3. 8.	0. 3. 4.	0. 3. 4.	0. 3. 0.	0. 3. 0.	0. 2. 8.	0. 2. 8.	0. 2. 0.	0. 2. 0.
25. Le collet & le bourlet en tulippe, formé en Doucine renversée.	1 calibre 25/36.	au plus haut 9/36 au plus bas. ½	9. 6. 6.	1. 4.11. 0. 0.11.	8. 4. 3.	1. 2. 9. 0. 0.10.	7. 7. 1.	0.13. 4. 0. 0. 9.	6. 7. 8.	0.11. 9. 0. 0. 8.	5. 3. 2.	0. 9. 4. 0. 0. 6.
26. Ceinture de la Couronne.	1/36.	5/36.	0. 1.10.	0. 9. 6.	0. 1. 8.	0. 8. 3.	0. 1. 6.	0. 7. 6.	0. 1. 4.	0. 6. 7.	0. 1. 0.	0. 5. 2.
27. Couronne.	4/36.	au plus haut 5/36 au plus bas. 2/36	0. 7. 7.	0. 9. 6. 0. 3. 9.	0. 6. 7.	0. 8. 3. 0. 3. 4.	0. 6. 0.	0. 7. 6. 0. 3. 0.	0. 5. 3.	0. 6. 7. 0. 2. 8.	0. 4. 2.	0. 5. 2. 0. 2. 0.
28. Reglet ou ceinture de la bouche.	1/36.	1/36.	0. 1.10.	0. 1.10.	0. 1. 8.	0. 1. 8.	0. 1. 6.	0. 1. 6.	0. 1. 4.	0. 1. 4.	0. 1. 0.	0. 1. 0.

TABLE des dimenſions du Mortier de 12 pouces de diametre auſſi à chambre cylindre, & du Pierrier de 15

Profondeur de l'ame, compris le fond demi-rond. . . . .

Profondeur de la chambre. . . . .

Ouverture de la chambre par le haut. . . . .

Ouverture de la chambre par le bas, les angles du fond remplis d'un quart de diametre en portion de cercle. . . . .

Diametre de la chambre des Pierriers, à l'endroit du Tampon. . . . .

Hauteur de la chambre des Pierriers, à l'endroit du Tampon. . . . .

E'paiſſeur du Métal à la Volée. . . . .

E'paiſſeur du Métal au Renfort. . . . .

Hauteur du Renfort. . . . .

E'paiſſeur du Métal autour de la chambre. . . . .

La chambre eſt en dedans les Tourillons. . . . .

Diametre des Tourillons. . . . .

Longueur des Tourillons. . . . .

Longueur des maſſes de Lumiéres. . . . .

Diametre au gros bout. . . . .

Diametre au petit bout. . . . .

POIDS DESDITS MORTIERS ET PIERRIER. . . . .

POUDRE QUE CONTIENT LA CHAMBRE. . . . .

Du 7. 8bre 1792

des dimensions du Mortier de 12 pouces de diametre aussi à chambre cylindre, & du Pierrier de 15

le l'ame, compris le fond demi-rond. . . . .

le la chambre. . . . .

e la chambre par le haut. . . . .

e la chambre par le bas, les angles du fond remplis d'un quart de
:n portion de cercle. . . . .

la chambre des Pierriers, à l'endroit du Tampon. . . . .

a chambre des Pierriers, à l'endroit du Tampon. . . . .

. Métal à la Volée. . . . .

Métal au Renfort. . . . .

Renfort. . . . .

Métal autour de la chambre. . . . .

est en dedans les Tourillons. . . . .

: Tourillons. . . . .

s Tourillons. . . . .

s masses de Lumiéres. . . . .

gros bout. . . . .

petit bout. . . . .

229.

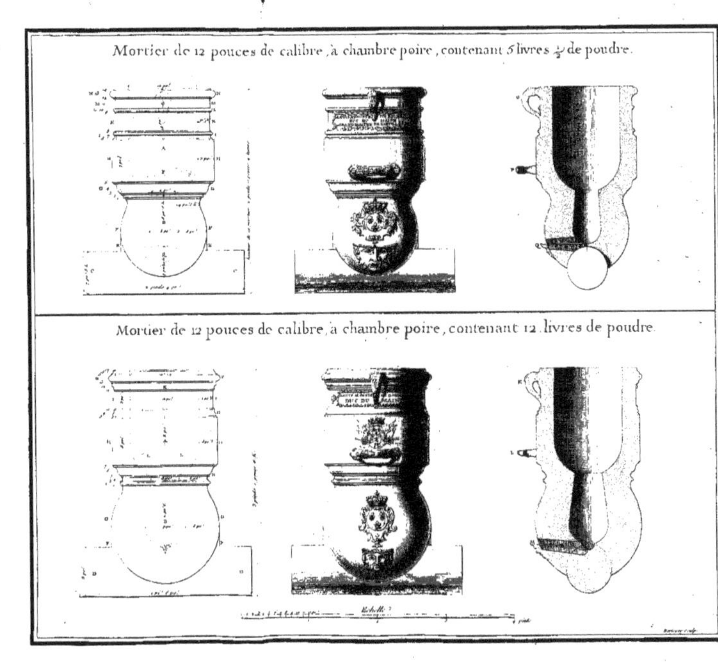

(Du 7. 8bre. 1792.

e, à

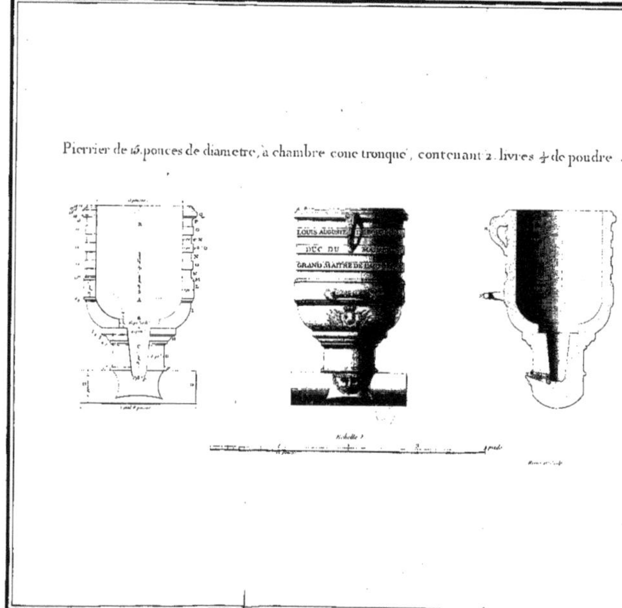
Pierrier de 15. pouces de diametre, à chambre cone tronqué, contenant 2. livres ½ de poudre.
LOUIS AUGUSTE
DUC DU
GRAND MAITRE DE

(Du 7. 8bre 1732.

ıes de diaı

ːs

231.

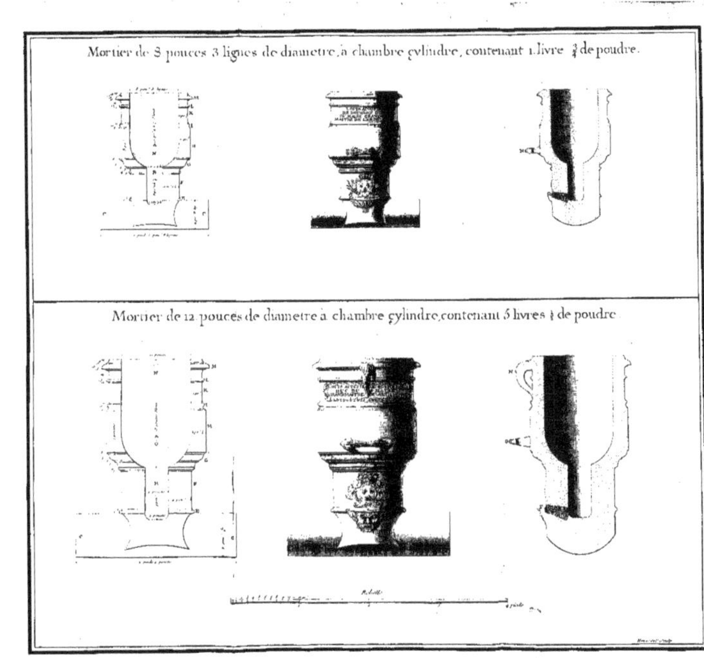

Du 7. 8bre 1732.

232.

PIECE de 4

Du 7.8bre.1732

293.

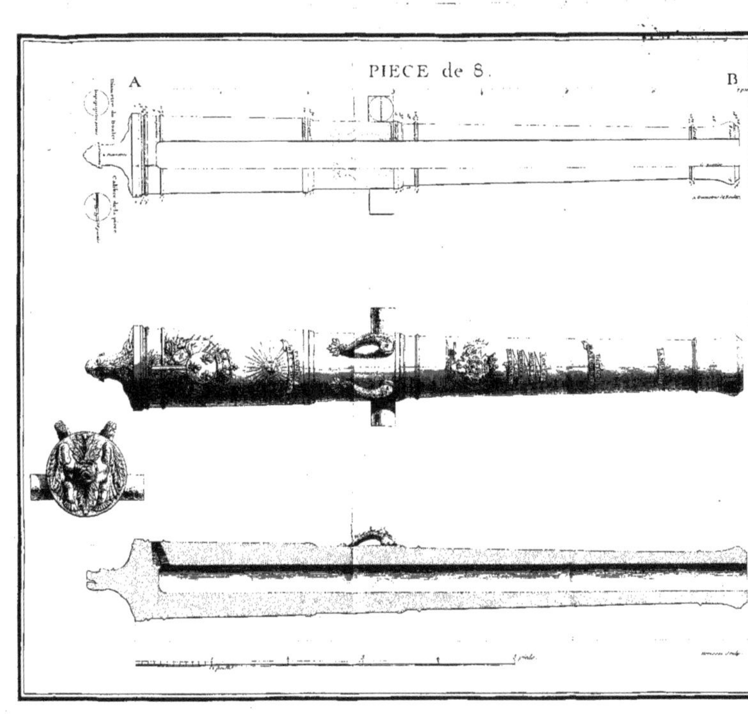

Du 7. 8bre 1732.

PIECE de 12.

A

B

Diametre du Boulet

Calibre de la piece

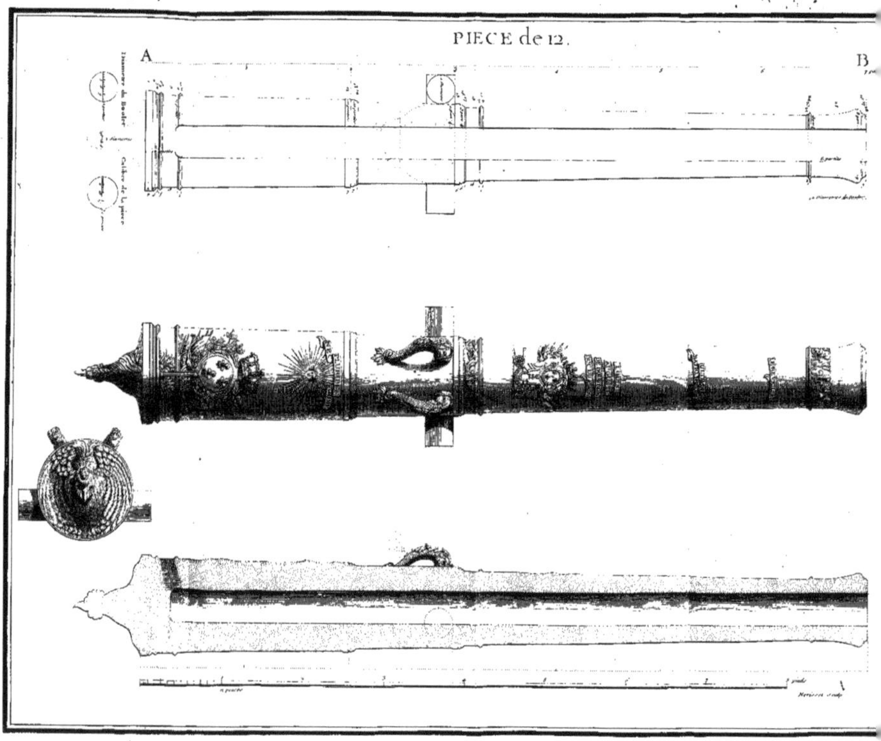

(Du 7. 8bre. 1732.

285.

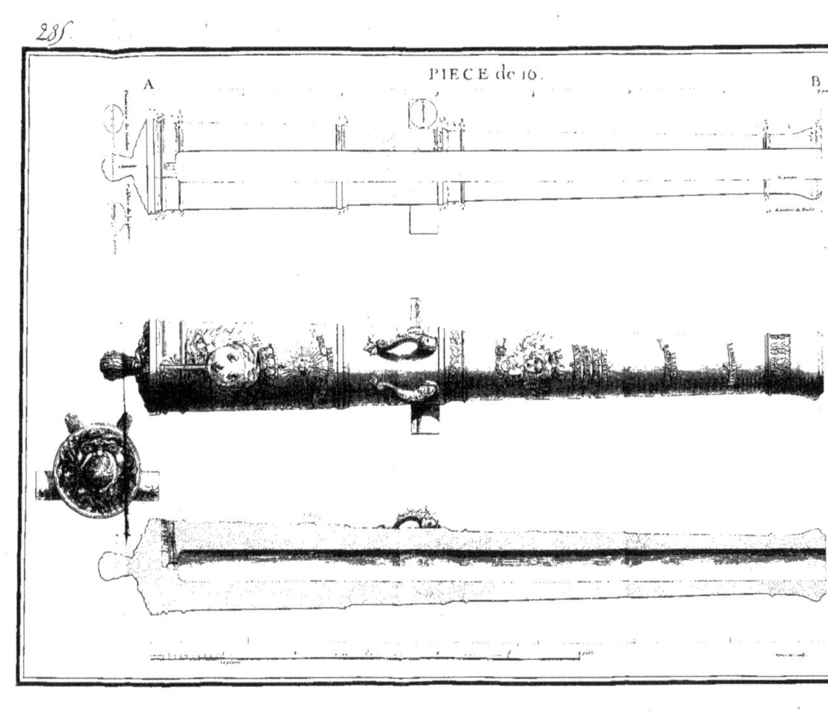

Ce 24.

Du 7. 8bre 1732.

296.

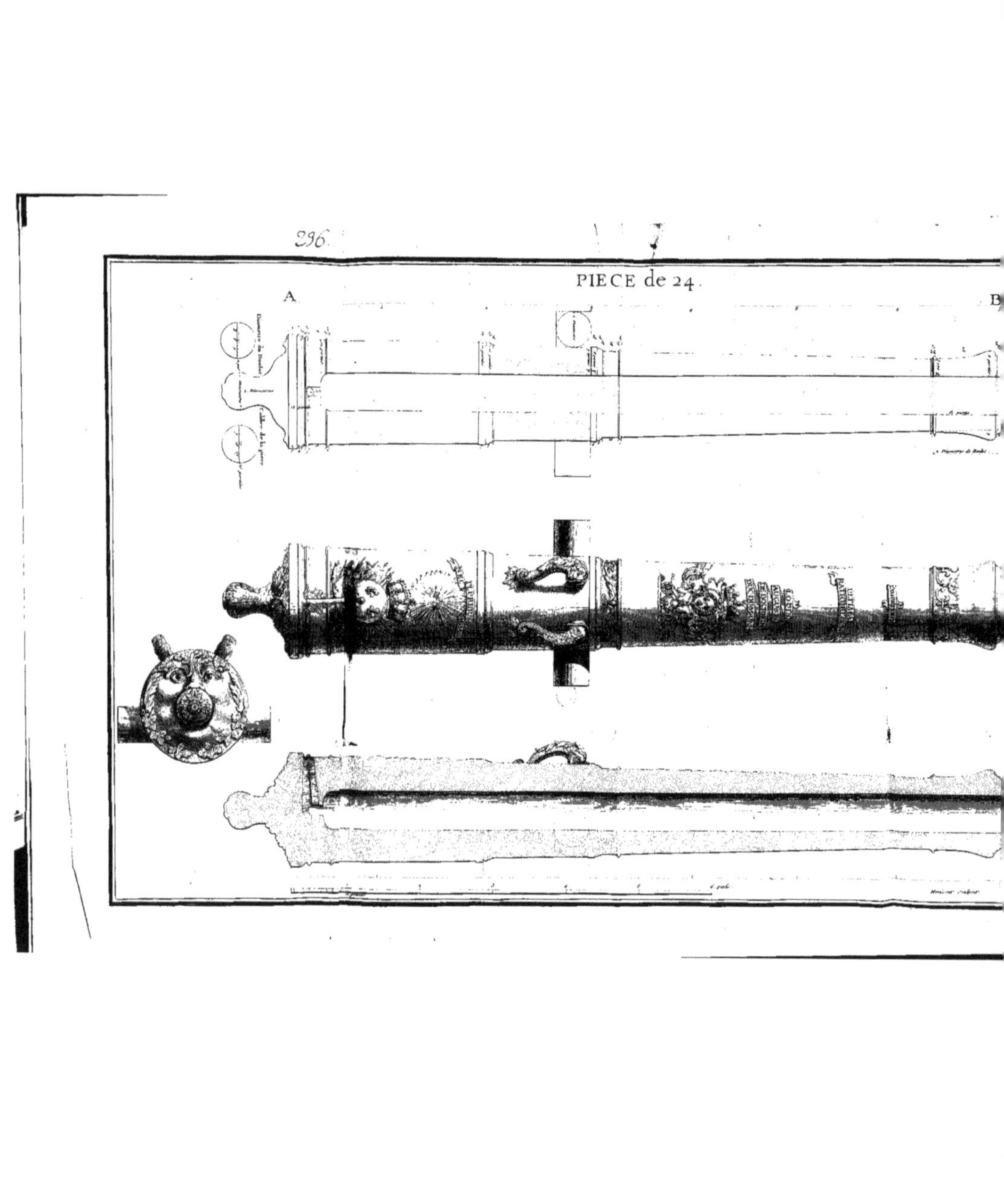

www.ingramcontent.com/pod-product-compliance
Ingram Content Group UK Ltd.
Pitfield, Milton Keynes, MK11 3LW, UK
UKHW022128170726
13837UKWH00003B/1437